Jules Simon

L'Ouvrier
de huit ans

essai

 Le code de la propriété intellectuelle du 1er juillet 1992 interdit en effet expressément la photocopie à usage collectif sans autorisation des ayants droit. Or, cette pratique s'est généralisée dans les établissements d'enseignement supérieur, provoquant une baisse brutale des achats de livres et de revues, au point que la possibilité même pour les auteurs de créer des œuvres nouvelles et de les faire éditer correctement est aujourd'hui menacée. En application de la loi du 11 mars 1957, il est interdit de reproduire intégralement ou partiellement le présent ouvrage, sur quelque support que ce soit, sans autorisation de l'Éditeur ou du Centre Français d'Exploitation du Droit de Copie , 20, rue Grands Augustins, 75006 Paris.

ISBN : 978-1539627500

10   9   8   7   6   5   4   3   2   1

Jules Simon

L'Ouvrier de huit ans

essai

Table de Matières

L'Ouvrier de huit ans   6

L'Ouvrier de huit ans

On dit quelquefois que nous ne verrons pas d'aussi grandes choses que nos pères. Cela est vrai sans doute, à ne considérer que la politique, et sous ce rapport l'année 1789 n'a pas de rivale à craindre ; mais quelles que soient les tristesses de l'heure présente, elles sont diminuées et compensées peut-être par l'éclat et l'importance du mouvement scientifique. Cette grande et définitive révolution efface toutes les autres. C'est aux philosophes et aux politiques à se hâter de la suivre, car on ne peut se flatter de gouverner par les mêmes règlements une société dont les conditions d'existence sont changées. Il n'y a plus rien d'immuable au monde que la morale.

Que demandait-on surtout à l'ouvrier il y a trente ans ? De la force. Aujourd'hui, grâce à la vapeur, il n'en a presque plus besoin ; au lieu d'être une force lui-même, il est seulement le surveillant d'une force. Pour cette nouvelle besogne, un homme n'est pas toujours nécessaire ; une femme, un enfant peuvent suffire. Or, partout où ils suffisent, on les préfère, parce qu'ils coûtent moins. Au point de vue économique, on doit reconnaître que les usines donnent aux femmes et aux enfants des salaires qu'aucune autre sorte d'industrie ne pourrait leur procurer. Il y a donc là, pour la famille, un accroissement de revenu, pourvu que l'homme, évincé de la fabrique, trouve ailleurs un emploi suffisant et équivalent de sa force. Cela ne se rencontre pas toujours : on cite, principalement en Angleterre, des centres industriels où les hommes sont nourris dans l'oisiveté par leurs femmes et leurs enfants. Rien ne serait plus funeste qu'une telle conséquence, si elle était nécessaire. Que l'homme ne travaille pas, cela est contre nature ; que la femme, que l'enfant soient transformés en ouvriers, cela est presque contre nature. Il est contre nature aussi que celui qui devrait être le chef de la maison en devienne le parasite. Enfin, dans de telles conditions, le revenu de la famille est diminué, puisque la femme et l'enfant ne sont préférés à l'homme que par économie. Cependant il y a de la besogne pour tous les ouvriers du monde, et quand sur un point le travail manque aux ouvriers valides, c'est toujours pour peu de temps ou par suite d'une organisation vicieuse. Il ne faut donc pas regarder l'oisiveté des hommes comme la conséquence ordinaire et nécessaire de l'introduction des femmes et des enfants dans les ateliers. Ce n'est pas là le mal, ou du moins ce n'est qu'un mal essentiellement réparable.

Il n'en est pas de même du mal produit par la même cause au point de vue moral. Celui-là est profond et presque invincible. L'introduction des femmes et des enfants dans les ateliers tend à modifier gravement la vie de famille, sinon à l'anéantir. Ce malheur, car c'est un malheur, et il n'en est pas de plus grand, tient surtout à la présence des femmes mariées dans les ateliers pendant onze ou douze heures par jour. Quant aux enfants, qui ne sont pas nécessaires aux autres, si nous cherchons quelles sont pour eux-mêmes les conséquences de leur transformation en ouvriers, nous en trouverons d'heureuses, telles que le salaire et la suppression du vagabondage, et de véritablement funestes, comme par exemple l'altération presque certaine et presque irrémédiable de la santé, et la privation de toute instruction et de toute éducation. Il est clair que, s'il fallait choisir, il ne serait pas permis d'hésiter un seul moment, et qu'aucune sollicitude pour les intérêts de l'industrie, aucune pitié pour la détresse des familles ne pourrait absoudre la société du crime de livrer ainsi les jeunes générations et de laisser tuer à la fois leur âme et leur corps ; mais il n'est pas question de choisir : il s'agit tout uniment d'empêcher le mal et de développer le bien, et ce n'est pas sans un certain étonnement que nous ajoutons qu'il n'y a rien de si facile. On a là, sous la main, un bien immense à réaliser, sans dépense et sans résistance, par un simple article de loi : on n'a que le tort de n'y pas penser. L'expérience même est faite, par un pays voisin, depuis 1844 ; nous n'aurons ni le mérite de l'initiative, ni celui du courage. Il suffit de couper la journée en deux : six heures pour le métier, six heures pour l'école et pour le plaisir. Ce changement n'est pas onéreux pour l'industrie, il ne coûte rien aux familles. Il rend supportable et même agréable la situation des enfants employés dans les manufactures, et il assure pour l'avenir un recrutement de bons ouvriers. Jamais il n'y eut de réforme plus simple, et il n'y en eut jamais de plus urgente.

L'idée en vint à un manufacturier anglais tout au commencement de ce siècle. Ce n'était rien moins que le premier sir Robert Peel et le père du célèbre ministre. La mesure était alors plus nécessaire qu'aujourd'hui, parce que le séjour des ateliers était véritablement délétère. Nous ne saurions trop répéter que la science et l'industrie ont rivalisé de zèle pour diminuer la fatigue des ateliers et pour assainir les fabriques. On peut se rendre compte aisément de l'importance de ces transformations en visitant successivement une ancienne et une nouvelle, usine. Métiers, procédés, salles de travail, escaliers, dégagements de toute sorte, tout est changé et amélioré dans une proportion surprenante. Ce qui était étroit, sordide, horrible, est devenu vaste, aéré, régulier, et d'une propreté, pour ainsi dire, brûlante, car les fabricants ne sont pas moins fiers de la beauté de leurs établissements que de celle de leurs produits. La machine de son côté, comme un serviteur empressé et complaisant, prend tous les jours une plus grande partie de la tâche commune, et ne laisse que peu de chose à faire à l'homme.

Sir Robert Peel avait donc, il y a soixante ans, plus de raisons à fournir à l'appui de sa réforme que nous n'en avons nous-mêmes. Ces raisons n'étaient peut-être pas plus sérieuses, mais elles étaient plus dramatiques et conséquemment plus puissantes. Les fabriques aujourd'hui sauvent le premier coup d'œil ; tout y paraît aisé et agréable. La fatigue ne résulte plus du travail, mais de la continuité du travail. Or, dès qu'il s'agit de la prolongation et de la continuité du travail, l'intérêt de l'ouvrier et celui du fabricant sont en désaccord complet. Plus les terrains, les bâtiments et les machines coûtent cher, et plus le fabricant désire répartir ces frais fixes sur une longue durée de travail ; il les diminue de moitié en travaillant vingt-quatre heures au lieu de douze, et réalise ainsi des bénéfices énormes. Pour l'ouvrier au contraire, on comprend que le travail, même le plus aisé, lui devienne à la longue une fatigue intolérable, et si cela est vrai pour un adulte en possession de toute sa force, cela est plus évident mille fois pour un pauvre enfant dont l'esprit et le corps ne peuvent, sans un véritable danger, se soumettre à cette longue contrainte. Seulement on ne sent cela, qu'à la condition d'y penser. Il faut réfléchir pour comprendre le malheur d'un enfant occupé dans une belle salle à rattacher des fils qui se cassent, mais occupé trop longtemps à ce travail si facile. Si au contraire l'atelier est sombre, encombré de matières puantes, infecté de miasmes et de débris graisseux mêlés à l'air respirable, et si un enfant y est retenu pendant douze ou treize heures, portant de lourds fardeaux, battant le coton ou la laine de ses bras débiles, il devient un objet de compassion pour les moins attentifs et les moins pitoyables. C'est ainsi qu'au commencement du siècle l'aspect même des ateliers plaidait la cause des jeunes apprentis, et venait merveilleusement en aide à l'éloquence de sir Robert Peel.

Cependant il fallut du temps pour préparer l'esprit public. Les docteurs Athin et Perceval avaient jeté le premier cri d'alarme dès 1796, et ce n'est qu'en 1802 que sir Robert Peel proposa et fit adopter le bill « pour conserver le moral et la santé des jeunes travailleurs employés dans les moulins de coton et de laine. » Ce bill contenait trois dispositions principales : premièrement, il interdisait aux enfants le travail de nuit (de neuf heures du soir à six heures du matin) ; en second lieu, il limitait la journée des enfants à douze heures ; enfin, sur ces douze heures, il prélevait chaque jour un temps suffisant pour l'instruction élémentaire. Les fabricants ne réclamèrent pas, parce qu'ils se réservaient de ne pas obéir. La loi, mal conçue, leur offrait mille échappatoires. Elle confiait aux juges de paix la poursuite des infractions : ils l'étaient presque tous. Elle ne parlait que des jeunes apprentis : on en fut quitte pour ne plus passer de contrats d'apprentissage. Les apprentis, s'ils en avaient conservé, n'auraient travaillé que douze heures ; ils se contentaient d'engager des enfants comme ouvriers auxiliaires, et les faisaient travailler tant qu'ils voulaient, sans manquer au texte de la loi et sans se préoccuper d'en violer l'esprit. Il s'introduisit même un abus nouveau, qui tourna en aggravation la loi protectrice de 1802. La présence ou le voisinage des parents gênait les fabricants dans cette exploitation meurtrière de l'enfance. Du moment qu'il ne fut plus question d'apprentissage ni de contrats réguliers, ils allèrent chercher des enfants au loin. Les *overseers* des paroisses leur fournirent, par troupeaux, des enfants abandonnés. On ose à peine dire que les patrons, débarrassés de toute surveillance, abusèrent cruellement de cette liberté, et que les *overseers*, outre le bénéfice actuel, ne redoutaient pas un accroissement de mortalité qui déchargeait d'autant le trésor paroissial. Sir Robert, voyant son œuvre compromise, demanda en 1815 le remplacement du mot « apprentis » par celui d'enfants, *children*. Le bill ne fut pas voté, mais le parlement ordonna une enquête qui fut le signal d'un mouvement d'opinion très considérable.

L'enquête dura jusqu'en 1819. Dans le cours de la discussion, on entendit l'évêque de Chester déclarer à la chambre des lords que l'excès de travail ne compromettait pas seulement les forces et les facultés des jeunes créatures épuisées ainsi, mais jusqu'à leur vie même. Le parlement supprima, comme le voulait sir Robert Peel, le mot d'apprentis, et le remplaça par un terme plus général : réforme utile, mais comparativement peu importante, puisque la loi manquait de sanction et de précision. La durée du travail restait fixée à douze heures par jour pour tous les enfants au-dessous de seize ans, durée évidemment excessive, et ce qui prouve bien quelle était l'énormité du mal, c'est qu'une telle loi put être regardée comme un bienfait par les intéressés, et fut très mal obéie par les patrons. Wilberforce demanda en vain une journée plus courte pour les enfants au-dessous de treize ans. Il y a tant de différence entre un enfant de huit à neuf ans et un adolescent de quinze à seize ans, que la chambre aurait dû en être frappée ; mais sir Robert Peel lui-même s'en tenait à la journée de douze heures, et ne voulait pas entendre parler d'une réduction nouvelle. Sa philanthropie s'arrêtait à cette limite. Lorsqu'en 1825 Hobhouse revint à la thèse de Wilberforce, ce fut sir Robert, l'auteur du bill de 1802, qui, secondé par son fils, alors ministre, s'opposa de toutes ses forces à une mesure qu'il traitait d'inutile pour les enfants et de désastreuse pour l'industrie. Hobhouse obtint cependant une diminution de trois heures sur le travail du samedi, résultat insuffisant, mais qui pouvait passer pour une victoire après de telles résistances, parce que la fameuse limite de douze heures, opiniâtrement maintenue en 1802 et 1819, était enfin entamée. Depuis cette époque, le travail fut limité en fait à onze heures et demie par jour.

Le principe de Wilberforce, la distinction des enfants et des adolescents, triompha l'année même de sa mort, en 1833. Le ministère de lord Grey fit voter la même année l'abolition de l'esclavage, œuvre principale du grand philanthrope, qui semblait avoir attendu, pour mourir, que sa tâche fût accomplie. Un député qui ne fut pas réélu, M. Saddler, avait proposé le bill en 1832. Lord Ashley le reprit après les élections, provoqua une enquête, soutint la discussion avec énergie, et l'emporta enfin de haute lutte en 1833, aux applaudissements de tous les amis de l'humanité. Les pétitions adressées à la chambre des communes en février et mars 1832 ne portaient pas moins de 60,000 signatures.

Le bill de 1833, comme celui de 1802, proclame les deux grands principes de la limitation des heures de travail et de l'instruction obligatoire. Il est supérieur à la législation de 1802 et à celle de 1819 par une réduction considérable de la durée du travail, par la distinction, établie pour la première fois et définitivement conquise, des enfants et des adolescents, et par la création d'un corps d'inspecteurs salariés qui donne enfin à la loi une sanction efficace. Le travail est restreint à huit heures par jour pour les enfants de neuf à treize ans, et à onze heures et demie par jour pour les adolescents de treize à dix-huit ans et pour les femmes. Les femmes n'avaient pas été comprises dans les bills antérieurs, qui en outre ne protégeaient les adolescents que jusqu'à l'âge de seize ans. D'après le bill de 1833, nul enfant ne peut être reçu le lundi à la fabrique, s'il ne rapporte un certificat constatant qu'il a suivi l'école deux heures par jour pendant les six jours de la semaine précédente. Quatre inspecteurs-généraux, ayant sous leurs ordres des sous-inspecteurs, sont chargés de veiller à l'exécution de la loi, et adressent chaque année au parlement des rapports détaillés qui reçoivent la publicité la plus étendue. Cette publicité était dès lors considérée comme un puissant moyen d'action ; mais le gouvernement ne s'en tint pas là. Averti par la longue impuissance des législations antérieures, il tint fermement la main à l'exécution de la loi nouvelle, et ne fit pas moins de deux mille procès en trois ans. Il pouvait désormais compter sur l'opinion publique, stimulée par les rapports annuels des inspecteurs-généraux. La lumière ne tarda pas à se faire, même dans les esprits les plus rebelles : il fut officiellement constaté que, depuis la réduction du travail des enfants, des adolescents et des femmes, l'industrie anglaise avait augmenté sa production et diminué le prix de ses produits. On en vint à se demander si cette limitation à huit heures n'était pas encore excessive, si le travail, réduit à la demi-journée au lieu du tiers de journée, ou en d'autres termes à six heures et demie au lieu de huit heures, ne compenserait pas par la qualité ce qu'il perdrait en étendue. Enfin, dans la séance de la chambre des communes du 28 février 1843, le secrétaire d'état sir James Graham, chargé de présenter la loi sur l'enseignement des classes laborieuses, prononça ces paroles mémorables, qui sont comme le résumé de toute la question : « Dans ma conviction, dit-il, si des enfants au-dessous de treize ans, après avoir travaillé huit heures dans un jour, sont envoyés à l'école, épuisés déjà par la fatigue, sans avoir pu jouir d'aucun repos, d'aucune récréation, il est impossible d'espérer qu'ils puissent retirer beaucoup d'avantages d'aucun système d'éducation, même du meilleur qu'on pourrait leur procurer. C'est en conséquence mon intention de proposer que les enfants depuis l'âge de huit ans jusqu'à l'âge de treize ans, employés dans les manufactures, ne travailleront pas plus de six heures et demie par jour. S'ils travaillent le soir, ils ne travailleront pas le matin, et s'ils travaillent le matin, ils ne travailleront pas le soir. Par ce moyen, chaque jour, soit avant, soit après midi, les enfants passeront au moins trois heures à l'école, j'ai toute raison de penser, je suis certain que les fabricants, désireux de coopérer cordialement avec le législateur, afin de perfectionner l'éducation de la jeunesse au sein de notre nation, accepteront avec joie toute mesure nécessaire pour atteindre un but dont l'importance est capitale. » La loi fut votée le 15 mars 1844. Elle réduisit le travail des enfants au-dessous de treize ans à six heures et demie par jour au lieu de huit heures ; en même temps elle leur imposa trois heures d'école par jour au lieu de deux heures, dont la loi de 1833 se contentait, et put leur permettre, à la suite de ces réformes, d'entrer à huit ans dans les ateliers, qui jusque-là ne leur étaient ouverts qu'à partir de neuf ans.

Tel est le régime appliqué depuis dix ans en Angleterre, et qui n'a pas jusqu'ici amené la ruine de nos voisins. Nous pourrions aussi, pour montrer qu'on gagne toujours à tenir compte de l'étendue des forces humaines et que la qualité peut aisément compenser la durée, tirer un argument du bill de 1847, qui limite à dix heures le travail même des adultes ; mais nous ne voulons parler que des enfants, sans entrer dans la question, fort différente à beaucoup d'égards, de la limitation du travail des adultes. On nous permettra seulement de rappeler à cette occasion qu'en 1829 les hommes d'état les plus éminents de l'Angleterre affirmaient que la prospérité industrielle de la nation serait compromise, si on réduisait à moins de douze heures, non pas le travail des femmes comme en 1844, ou celui des adultes, comme en 1847, mais celui des adolescents : tant les idées simples et justes ont de peine à faire leur chemin !

Maintenant, après avoir rappelé qu'en Prusse, depuis la loi de 1839, les enfants ne sont pas admis dans les manufactures avant l'âge de neuf ans, que le travail des adolescents y est réduit à soixante heures par semaine, et que l'Autriche et la confédération germanique sont également entrées dans la voie de la réglementation, nous allons indiquer rapidement ce qui a été fait en France, et il nous sera trop aisé de montrer les lacunes et les vices de la législation actuelle.

Dans ses *nouveaux Principes d'économie politique*, publiés en 1819, Sismondi va bien plus loin que Wilberforce, lord Ashley et sir James Graham. Partant de cet axiome « que les ouvriers donnent, en retour du salaire qui leur est allouée tout ce qu'ils peuvent donner de travail sans dépérir, » il établit que le salaire des enfants est pris sur celui du père et n'augmente pas d'une obole le revenu total de la famille. « C'est donc sans profit pour la nation, dit-il, que les enfants des pauvres ont été privés du seul bonheur de leur vie, la jouissance de l'âge où les forces de leur corps et de leur esprit se développaient dans la gaîté et la liberté. C'est sans profit pour la richesse ou l'industrie qu'on les a fait entrer, dès six ou huit ans, dans ces moulins de coton, où ils travaillent douze ou quatorze heures au milieu d'une atmosphère constamment chargée de poils et de poussière, et où ils périssent successivement de consomption avant d'avoir atteint vingt ans. On aurait honte de calculer la somme qui pourrait mériter le sacrifice de tant de victimes humaines ; mais ce crime journalier se commet gratuitement.[1] »

Bien des années s'écoulèrent, pendant lesquelles les abus ne firent que s'aggraver, sans que le gouvernement songeât à intervenir. L'opinion même était muette. On ignorait, à deux pas des fabriques, ce qui s'y passait. C'est seulement en 1827 que deux hommes dont le nom doit être conservé, le docteur Gerspach, de Thann, et M. Jean-Jacques Bourcart, de Mulhouse, appelèrent de nouveau l'attention sur cette question capitale, M. Gerspach par une thèse soutenue devant la faculté de médecine de Paris, M. Bourcart en provoquant, au sein de la Société industrielle de Mulhouse, une discussion approfondie sur la situation des enfants dans les fabriques de coton et surtout dans les filatures. Tout se borna pendant longtemps à des efforts isolés ; les passions politiques absorbaient l'activité du pays. L'enquête de 1832 en Angleterre et la loi qui en fut la conséquence n'eurent pas le pouvoir de nous arracher à cette indifférence cruelle. La Société industrielle de Mulhouse demeu-

---

1 Tome Ier, p. 353.

ra seule sur la brèche et continua courageusement à étudier les faits, à en chercher le remède, à provoquer l'intervention de la loi. Elle fit école autour d'elle. Le conseil-général du département, la chambre de commerce élevèrent la voix à leur tour, et supplièrent le gouvernement d'intervenir. La Société industrielle prit l'initiative d'une pétition adressée aux deux chambres et aux ministres de l'intérieur, de l'instruction publique et du commerce. Une commission nommée dans son sein se mit à l'œuvre avec ardeur, et vit bientôt les documents s'accumuler dans ses dossiers. Le rapport fut lu à l'assemblée générale du 31 mai 1837 par le docteur Penot, qui vient encore d'attacher son nom à la création des bibliothèques communales. Nous aimons à signaler ces efforts d'une ville industrielle, à nommer ces fabricans qui demandent une réduction de travail pour leurs ouvriers avec autant de zèle que d'autres en mettraient pour solliciter un privilège. Nous y trouvons une preuve de la possibilité de la réforme au point de vue économique, et nous y admirons surtout cette sollicitude fraternelle qui unissait déjà à Mulhouse les patrons et les ouvriers, et qui a contribué si puissamment à la prospérité de la ville.

Presque en même temps M. Villermé prononçait devant l'Académie des sciences morales et politiques, dont il était membre, un discours *sur la durée trop longue du travail des enfants dans les filatures de coton*, et l'Académie le chargeait de faire lui-même une enquête, dont il publia plus tard les résultats dans un fécond et salutaire ouvrage. Cette année 1837 fut le terme du long oubli où le pays s'était abandonné malgré les protestations de Sismondi, du docteur Gerspach, de M. Bourcart, et les efforts persévérant de la Société industrielle de Mulhouse, Le ministre du commerce, par une circulaire du 31 juillet 1837, s'adressa aux chambres de commerce, aux chambres consultatives et aux conseils de prud'hommes. Il se trouva que tout le monde était prêt ; les documents affluèrent et ne laissèrent aucun doute sur la gravité du mal. Le ministre posa aussitôt une série de questions que nous allons reproduire, avec l'analyse des réponses qu'elles reçurent, puisque c'est le commencement d'une enquête qui, nous l'espérons bien, n'est pas terminée.

Première question. — Depuis quel âge les enfants seront-ils reçus dans les fabriques ? — Cette question suppose qu'ils y seront reçus, et qu'ils n'y seront reçus qu'à un âge déterminé par la loi. Toutes les réponses sont unanimes sur ces deux points fondamentaux. Elles hésitent, pour la fixation de l'âge, entre neuf et dix ans ; la majorité se prononce pour neuf ans.

Seconde question. — La durée du travail serait-elle graduée suivant l'âge ? — Les réponses sont très divergentes. Ce qu'on y voit surnager, c'est d'abord l'interdiction rigoureuse de tout travail du dimanche, ensuite la distinction entre les enfants et les adolescents, proposée d'abord en Angleterre par Wilberforce et introduite dans le bill de 1833. On comprend en effet, qu'il deviendrait difficile de régler le travail des ateliers, si la tâche des apprentis variait sans cesse avec leur âge ; mais cette distinction unique entre les enfants et les adolescents est à la fois pratique et nécessaire. Il est évidemment impossible de traiter un enfant de huit ans comme un adolescent de quatorze.

Troisième question. — Les forces physiques des enfants devront-elles être en rapport avec l'âge, et leur constitution reconnue bonne et capable de supporter les fatigues de l'atelier ? — Quelques conseils, en petit nombre, demandent que l'enfant ne soit reçu qu'avec un certificat de médecin ; la plupart s'en réfèrent à l'intérêt du patron, qui n'acceptera pas un enfant faible ou maladif.

Quatrième question. — A quel âge l'enfant pourra-t-il s'engager par lui ou par ses parents et tuteur ? — A quinze ans.

Cinquième question. — Les veillées seront-elles interdites aux enfants et aux adolescents ? — Quatre conseils seulement, Lyon, Amiens, Reims et Boulogne, veulent les interdire sans réserve aux adolescents. Tous les conseils sont unanimes pour les interdire aux enfants dans le triple intérêt de la santé, de la moralité et de l'industrie. On demande seulement que par exception, pour un temps très limité et dans le cas de nécessité démontrée, les veillées puissent être permises aux adolescents âgés de plus de quinze ans. Cette restriction au principe est regrettable ; nous verrons qu'elle finit par passer dans la loi française, tandis qu'en Angleterre l'interdiction du travail de nuit pour les enfants et les adolescents est absolue.

Sixième question. — Les enfants seront-ils astreints à suivre les écoles ? — Sur cette question comme sur la précédente, l'affirmation est unanime. Un seul conseil de prud'hommes et deux chambres de commerce avaient demandé que l'école ne fût pas obligatoire. Les prud'hommes de Lille au contraire déclarent que la loi, sera comme non avenue, si des mesures coercitives ne sont pas ordonnées pour la fréquentation des écoles. Quelques conseils sont d'avis que l'enfant de neuf ans ne puisse être admis dans la fabrique qu'en prouvant qu'il sait déjà lire et écrire ; tous pensent que quand même il saurait lire il doit continuer à suivre les écoles au moins une heure ou deux heures par jour, jusqu'à ce qu'il ait atteint l'âge de treize ans.

L'ouvrage de M. Villermé, qui parut en 1840, fut comme le résumé de cette solennelle enquête. Jamais il n'y eut d'observation plus exacte, d'esprit plus modéré, ni de faits plus accablants. M. Villermé établit qu'on employait dans les ateliers des enfants de sept ans et même de six ans, que les ouvriers étaient retenus dans certaines filatures jusqu'à dix-sept heures par jour, ce qui, en défalquant une demi-heure pour le déjeuner et une heure pour le dîner, laissait quinze heures et demie de travail effectif. Ces quinze heures et demie effrayaient à bon droit M. Villermé, qui, à la fois médecin et psychologue, connaissait les effets d'une fatigue trop prolongée sur le corps et sur l'esprit. Il lui échappe à ce sujet une réflexion poignante. « La journée des forçats n'est que de douze heures, dit-il, et elle est réduite à dix par le temps des repas. » Le sort des enfants l'intéresse plus que celui des adultes, et, pour le dire en passant, il n'a cessé jusqu'à ses derniers jours de dresser des tableaux de mortalité dont on finira bien par tenir compte, et qui finiront aussi par obliger la société à limiter à six heures par jour le travail des enfants.[1] Il montra cette multitude d'enfants maigres, hâves, couverts de haillons, qui se rendent pieds nus à la fabrique, par la pluie et la boue, portant à la main, et, quand il pleut, sous leur vêtement, devenu imperméable par l'huile des métiers tombée sur eux, le morceau de pain qui doit les nourrir jusqu'à leur retour... Il les peignit énervés, pâles, lents dans leurs mouvements, tranquilles dans leurs jeux, et compara, non sans une poignante éloquence, leur extérieur de misère, de souffrance, d'abattement, avec le teint fleuri, l'embonpoint, la pétulance et tous les signes d'une brillante santé qu'on remarque chez les enfants du même âge, chaque fois

---

[1] *Tableau physique et moral des ouvriers employés dans les manufactures de coton, de laine et de soie*, par M. Villermé, t. II, p. 87 et suivantes.

que l'on quitte un lieu de manufactures pour entrer dans un canton agricole.

L'enfantement de la loi de 1841 fut très laborieux. Le ministre du commerce porta le 11 janvier 1840 à la chambre des pairs un projet de loi qui avait pour but de donner au gouvernement le droit de protéger par des ordonnances les enfants travaillant dans les manufactures. La chambre crut qu'il fallait mettre la protection et le règlement dans la loi même, et vota le 19 mars une loi très incomplète, très insuffisante, mais qui lui fait le plus grand honneur, parce qu'elle pose les vrais principes sur la matière, et rend par conséquent possibles toutes les améliorations ultérieures. Cette même loi, amendée par la chambre des députés, fut rapportée le 12 janvier 1841 à la chambre des pairs par M. Cunin-Gridaine, ministre du commerce. « La voilà, dit-il, telle au fond que vous l'avez adoptée ; la chambre élective n'y a guère fait que des améliorations dans la forme. » M. Cunin-Gridaine déclarait d'ailleurs que le gouvernement avait mis le temps à profit pour continuer son enquête en France et à l'étranger, et que tous les témoignages concluaient en faveur des mesures proposées. La chambre des pairs renvoya la loi à la commission qui l'avait examinée, ou plutôt créée, l'année précédente, et qui se composait de MM. Victor Cousin, Charles Dupin, de Gasparin, de Gérando, de Louvois, Rossi et de Tascher. Les noms des commissaires doivent être cités tant à cause de l'autorité qu'ils donnent à la loi émanée en grande partie de leur initiative que par un juste sentiment de reconnaissance pour un grand service rendu à l'humanité, et, nous en avons la ferme conviction, à l'industrie elle-même. Le rapport de M. le baron Dupin peut être aujourd'hui encore étudié et médité avec fruit. Sur 106 avis motivés des chambres de commerce et des conseils de prud'hommes que le gouvernement avait fait imprimer, 10 seulement lui étaient contraires. La chambre fut presque unanime : il ne se trouva que 2 boules noires sur un total de 106 votants.

La loi du 22 mars 1841 embrasse plus d'établissements que le bill de 1833. Elle ne se borne pas, comme la loi anglaise, aux moulins de coton et de laine ; elle s'étend à tous les ateliers composés de vingt ouvriers travaillant en commun. Un membre de la commission, M. de Gérando, voulait même aller plus loin, car il déclara dans le cours de la discussion que les petits ateliers, dits ateliers domestiques, étaient le théâtre des plus grands abus. La chambre fut arrêtée par la crainte de rendre la loi impuissante dans un grand nombre de cas, et par un respect peut-être mal entendu de l'autorité paternelle.

Si la loi française étend le système de la protection à un plus grand nombre d'établissements que la loi anglaise, en revanche la protection qu'elle accorde est moins efficace. Elle permet l'entrée des enfants dans les manufactures à huit ans ; la loi anglaise, celle du moins de 1833, ne la permettait qu'à neuf ans. En France, un enfant passait à douze ans dans la classe des adolescents, et à treize ans seulement en Angleterre, La protection légale cessait chez nous dès que le jeune travailleur avait atteint seize ans ; elle le suivait, chez nos voisins, jusqu'à dix-huit. Les enfants, dans les deux pays, devaient chaque jour huit heures de travail ; mais les adolescents ne devaient que soixante-neuf heures par semaine en Angleterre, et en France soixante-douze, Enfin le travail de nuit, quoique interdit chez nous, était encore possible dans certains cas très rares, tandis qu'en Angleterre l'interdiction était rigoureuse et absolue.

On le voit, la loi de 1841 n'était pas à beaucoup près aussi radicale que le bill de 1833, et ceux qui la regardent comme une entrave imposée à l'industrie doivent convenir au moins que nos voisins portent des chaînes plus pesantes que les nôtres. L'argument qui revint plus d'une fois dans la discussion, surtout à la chambre des députés, et qui consiste à dire que nous priver du travail des enfants, c'est renchérir notre main-d'œuvre et rendre la concurrence plus difficile à soutenir contre les manufactures anglaises, tombe évidemment devant cette considération, que depuis 1833 les enfants n'entrent qu'à neuf ans et ne travaillent que huit heures dans les manufactures anglaises, que depuis 1844 ils y entrent à huit ans, mais en y travaillant seulement six heures et demie par jour, et que depuis la même époque le travail des adolescents, comme celui des femmes, a été réduit à onze heures. Ce sont donc les Anglais qui pourraient se plaindre d'être entravés par la loi de leur pays, et ils s'en sont plaints en effet pendant les premières années. Aujourd'hui ils obéissent à la loi, non-seulement parce qu'elle est la loi, mais parce qu'elle est une loi juste. Il est triste d'avoir à constater que la nôtre a été presque constamment éludée, et qu'elle est passée dans quelques centrés industriels à l'état de lettre morte.

Jules Simon

Rien n'énerve plus un pays que d'avoir des lois et de leur désobéir. Le principal défaut de là loi de 1841 était de manquer de sanction. Elle édictait des peines, mais elle confiait à des commissions libres, nommées par les préfets, l'importante mission de surveiller les ateliers et de poursuivre la répression des délits. C'était pour ainsi dire renoncer à la partie pénale de la loi, et conséquemment à la loi elle-même. Les commissaires étaient incompétents, si on les choisissait en dehors de l'industrie, et hostiles dans le cas contraire ; ils remplissaient languissamment des fonctions non salariées, qui entraînaient à leur suite des conflits et quelquefois des inconvénients plus graves. Ils manquaient de moyens de contrôle ; on les trompait sur l'âge des enfants, sur la durée du travail ; on produisait de faux certificats ; on se soustrayait à la loi en renvoyant momentanément un ouvrier, pour réduire pendant l'inspection le nombre total à dix-neuf. En un mot, on s'était accoutumé à regarder la loi de 1841 comme tine tentative de philanthropie peu éclairée, essentiellement nuisible à l'industrie française, et tandis que les auteurs de cette loi cherchaient les moyens de la rendre plus protectrice et plus efficace, d'autres influences, agissant sur le ministre en sens inverse, le déterminèrent à présenter en 1847 un projet qui était l'abandon de tous les principes.

Il ne s'agissait de rien moins que d'imposer aux enfants comme aux adolescents une journée de douze heures ; mais comme on ne pouvait proposer sans compensation un projet de loi, qui, à vrai dire, était purement et simplement l'annulation de la loi de 1841 et le retour à tous les abus qu'elle avait eu pour objet de prévenir, on promettait en même temps de reculer jusqu'à dix ans l'admission des enfants dans les manufactures. Les prétextes ne manquèrent pas pour glorifier cette nouvelle combinaison. Les enfants de huit à dix ans devinrent tout à coup trop débiles pour entrer dans les ateliers ; l'humanité ne pouvait consentir à cette exploitation de l'enfance. Non-seulement la liberté qu'on allait leur rendre leur donnerait plus de bonheur et de santé, mais la grande cause de l'instruction du peuple était gagnée par ce seul article de loi. Ces deux années seraient sans nul doute passées à l'école, en sorte qu'en entrant dans les fabriques tous les apprentis sauraient au moins lire et écrire. Quant aux enfants de dix à douze ans, qu'on assimilait aux adolescents pour la durée du travail, on ne leur demandait après tout qu'une prolongation de quatre heures par jour, une misère ! et c'était, à le bien prendre, dans leur propre intérêt, pour leur épargner chaque jour quatre heures de solitude et de vagabondage. Cette mesure d'ailleurs, en égalant la journée des enfants à celle des adultes, rendrait la vie aux manufactures. Par quelle aberration d'esprit avait-on pu en 1841 limiter le travail du rattacheur aux deux tiers de la journée du fileur, quand on savait que le fileur ne pouvait se passer de la présence du rattacheur ? On avait cru, par le système impraticable des relais d'enfants, concilier les intérêts de l'humanité et ceux de l'industrie ; mais dans le fait on avait sacrifié l'industrie. Voilà ce que déclara le conseil-général des manufactures, consulté par le ministre, et ce que le ministre vint à son tour déclarer à la chambre en lui demandant de se déjuger à six ans de distance.

M. Charles Dupin, nommé de nouveau rapporteur, n'eut pas de peine à montrer le but réel qu'on poursuivait au moyen de ces vains prétextes : on voulait se débarrasser des entraves de la loi et faire travailler les enfants à discrétion. La prétendue concession de reculer l'âge d'admission jusqu'à dix ans ne lui en imposa point. Il établit facilement que le nombre des adolescents employés dans les fabriques était double de celui des enfants, et que parmi ces derniers on préférait partout les enfants de dix à douze ans. Ce sacrifice qu'on faisait sonner si haut était donc en réalité un leurre ; la loi, si elle était votée, ne changerait rien sous ce rapport à ce qui se pratiquait déjà, et l'on se trouverait affranchi gratuitement de la limitation des heures de travail. Le projet ainsi démasqué, le rapporteur prit un à un tous les prétextes de l'exposé des motifs, et n'en laissa pas subsister un seul. Il convint qu'un enfant de huit ans ne pouvait pas travailler douze heures par jour, mais il affirma qu'il en pouvait travailler huit. Il se demanda d'où venait au gouvernement cette confiance dans l'intelligence et la tendresse des parents qui le portait à admettre sans hésiter que les enfants de huit à dix ans exclus des manufactures passeraient ces deux années à l'école. Une triste expérience devait au contraire l'avertir qu'ils les passeraient dans l'abandon. N'était-ce pas abuser que d'affecter une si grande sollicitude pour le délaissement des enfants de dix à douze ans pendant un tiers de journée, lorsqu'on livrait à eux-mêmes pendant la journée entière des enfants plus petits et qui par conséquent avaient besoin de plus de soins ? Comment osait-on parler de l'instruction du peuple dans un projet de loi qui, en imposant douze heures de travail aux enfants dès l'âge de dix ans, leur rendait désormais impossible la fréquentation des écoles ? Était-ce sérieusement qu'on venait soutenir que l'instruction reçue à neuf ans, arrêtée court au commencement de la dixième année, serait suffisante et durable ? Il suffit d'entrer dans une école primaire pour savoir où en sont les enfants de dix ans. Ceux même qui ont suivi l'école jusqu'à treize ou quatorze ans ont bien vite fait d'oublier tout ce qu'ils y ont appris, s'ils n'ont aucune occasion de s'exercer ; les tableaux du recensement et la statistique des mariages ne le prouvent que trop. Passant de là aux intérêts de l'industrie, le rapporteur démontrait par de nombreux exemples empruntés à l'Angleterre que la limitation des heures de travail n'y avait point entravé l'essor de la fabrication. Au contraire, depuis cette limitation, l'industrie multipliait ses produits, et les livrait chaque jour à meilleur marché. Cependant en Angleterre la limitation comprenait, outre les enfants et les adolescents, les femmes et les filles de tout âge. Le travail, depuis 1844, y était limité à six heures et demie pour les enfants, et il s'agissait d'une population très inférieure à la nôtre et d'un nombre d'ateliers très supérieur. Quand même le raisonnement du ministre aurait été spécieux, que pouvait un raisonnement contre tant de faits, et des faits à la fois si concluants et si incontestables ? Mais le raisonnement du ministre était faux de tous points. Il reposait sur cette allégation, évidemment inadmissible, que la loi de 1841 augmentait le prix de la main-d'œuvre. Avez-vous moins de travail d'enfants ? disait le rapporteur. Le payez-vous davantage ? Craignez-vous de manquer de bras ? Chaque enfant travaille moins longtemps, mais il y a dans l'atelier le même travail d'enfants au même prix, et il est plus soutenu et plus avantageux pour le patron, parce que les enfants ne sont pas épuisés. Telle est la vérité, et le rapporteur ajoutait en propres termes qu'il était « inexact et dérisoire » de soutenir le contraire.

Le rapport de M. Charles Dupin ne fut pas seulement lumineux, il fut impitoyable. — La loi de 1841, disait-il, vous permettait d'augmenter la matière de la loi ; elle vous enjoignait de compléter par des ordonnances les prescriptions législatives. Qu'avez-vous fait depuis six ans écoulés ? Vous n'avez ni profité de vos droits ni rempli votre devoir. Vous venez à présent nous demander de renoncer à notre œuvre, quand l'Angleterre, la Prusse, l'Autriche, la confédération germanique, nous donnent des leçons d'humanité. Vous soutenez des doctrines que vous avez, il y a six ans à peine, réfutées, combattues. Vous accusez la loi de n'avoir pas réussi, comme elle le souhaitait, à concilier les intérêts de l'industrie et ceux de l'humanité, et c'est l'humanité que vous sacrifiez ! — Ce dernier mot disait courageusement et cruellement la vérité. Voici d'ailleurs les traits principaux du nouveau projet apporté par la commission, et qu'elle substituait au projet de loi du ministre et à la loi de 1841.

Elle commençait par étendre à un plus grand nombre d'établissements les prescriptions de la loi, d'accord en cela avec le gouvernement. L'article 1er de la loi de 1841 embrassait, outre les manufactures, usines et ateliers à moteur mécanique ou à feu continu, toute fabrique occupant plus de vingt ouvriers réunis en atelier. Ce chiffre de vingt ouvriers avait été mis là provisoirement pour ne pas créer de difficultés dans les commencements à l'exécution de la loi, et pour permettre au gouvernement d'aviser après expérience faite. Amis et ennemis du principe de la limitation réclamaient également la suppression de ce chiffre, les uns parce que les abus ne leur semblaient pas moins nombreux et moins graves dans les petits ateliers que dans les grands, et les autres parce qu'ils ne voulaient pas être assujettis à des restrictions dont les ateliers moins importants se trouvaient exonérés. La commission, pour ne pas descendre jusqu'aux ateliers de famille, avait adopté cette rédaction : « toute fabrique occupant plus de dix ouvriers, ou plus de cinq personnes (femmes, enfants, adolescents) soumises aux prescriptions de cette loi. » La commission maintenait l'âge d'admission (huit ans) et le travail de huit heures effectives pour les enfants de huit à douze ans ; le travail des adolescents était réduit à onze heures effectives trois jours par semaine, et l'heure retranchée au travail devait être ce jour-là passée à l'école. Cette modification réduisait le travail des adolescents à soixante-neuf heures par semaine, comme en Angleterre. Le travail des filles et des femmes était pour la première fois réglementé et fixé à douze heures par jour. Enfin la commission, et c'était là peut-être la réforme capitale, parce qu'elle contenait l'avenir de la loi, adoptait le principe anglais de l'inspection salariée. Elle créait quatre inspecteurs-généraux, assistés chacun d'un inspecteur divisionnaire et de comités d'inspection locale, en exprimant le désir que le nombre des inspecteurs divisionnaires pût être prochainement porté à seize.

Le gouvernement, il faut le dire à son honneur, accepta le projet de la commission, qui allait être voté au moment de la révolution de février. On sait qu'un décret rendu le 2 mars 1848 réduisit la journée des adultes à onze heures pour les départements et à dix heures pour Paris, et qu'une loi du 9 septembre 1848, rapportant ce décret, fixa uniformément la journée de travail pour tous les ouvriers à douze heures. La question de la limitation du travail est tout autre quand il s'agit des enfants et quand il s'agit des adultes. S'il en fallait une preuve, nous dirions que, durant la longue discussion à laquelle donna lieu l'abrogation du décret du 2 mars, le travail des enfants fut à peine mentionné. Un des orateurs qui combattirent le plus énergiquement le principe de la limitation pour les adultes, M. Besnard, déclara en termes formels qu'il l'acceptait pour les enfants. On peut néanmoins s'étonner que l'assemblée, en limitant à douze heures le travail des adultes, n'ait pas songé à réformer la loi de 1841, qui permet huit heures de travail pour les enfants de huit à douze ans, et qui, en limitant à douze heures le travail des adolescents âgés de moins de seize ans, a évidemment pour but de les empêcher de travailler autant que les hommes faits. Tant de questions urgentes se présentaient alors à la fois, qu'une omission, même aussi fâcheuse, peut être excusée ou du moins expliquée. On revint en 1850 sur le travail des enfants. Le projet de loi élaboré trois ans auparavant par la commission de la chambre des pairs fut soumis d'abord à toutes les chambres consultatives, puis au conseil-général des manufactures, qui l'adopta après un débat où la question du libre échange, incidemment soulevée, jeta beaucoup d'animation. Qui n'aurait cru que la loi de 1833 allait être réformée ? Il n'en fut rien. Le projet de loi adopté par le conseil-général des manufactures resta dans les cartons du ministère.

Il est bien regrettable qu'un projet sorti des délibérations d'une commission de la chambre des pairs, adopté à cette époque par le gouvernement du roi Louis-Philippe, accueilli depuis comme un progrès sérieux et important par toutes les chambres consultatives et par le conseil-général des manufactures, n'ait pas encore été jusqu'ici converti en loi de l'état. Ce retard inexplicable aura cependant pour l'avenir une conséquence heureuse, si le gouvernement, averti par l'exemple de l'Angleterre, consent à modifier le projet de 1847 en un seul point et à faire aujourd'hui ce qu'on eût dû faire le 9 septembre 1848, à réduire par exemple à une durée de six heures par jour le travail des enfants de huit à douze ans. « Si nous méritons un reproche, disait en 1847 le rapporteur de la chambre des pairs, ce n'est pas d'enlever trop de temps au travail et de ne pas assez tenir compte de l'intérêt des fabricants. Au contraire, si quelques personnes avaient le droit de se plaindre de nous, ce seraient les femmes, les filles et les enfants des ouvriers pour la timidité, la retenue que nous apportons à modérer leur travail. Voilà l'exacte vérité. »

Pourquoi persévérerait-on aujourd'hui dans cette timidité excessive ? Les circonstances sont changées, les besoins accrus, l'expérience des pays voisins devenue définitive par une longue durée. La seule objection sérieuse qu'on eût pu faire à la loi de 1841 au nom de l'intérêt manufacturier venait de la complication introduite par les relais d'enfants. Impossible en effet d'engager les enfants pour un tiers de journée ; il fallait donc les diviser en trois bandes, l'une travaillant huit heures de suite avec les mêmes fileurs dès l'ouverture des ateliers et partant quatre heures avant la fin du jour, — une autre ne venant à la fabrique que quatre heures après le travail commencé et restant sans désemparer jusqu'à la fermeture, — la troisième enfin donnant quatre heures au commencement et quatre heures à la fin de la journée, de sorte que chaque rattacheur de cette troisième bande travaillait le même jour avec deux fileurs différents. De là beaucoup de temps perdu, beaucoup d'allées et de venues dans les ateliers, de nombreuses heures d'entrée et de sortie, des difficultés pour l'école, des rapports moins réguliers entre les ouvriers et les apprentis. Cette objection, fort grave, contre la loi actuelle tombe devant notre proposition, car, au lieu de trancher la difficulté, comme le ministre de 1847, en supprimant les relais, nous la tranchons en les régularisant. Que chaque enfant travaille seulement une demi-journée, en d'autres termes qu'il y ait un relais le matin et un relais le soir, et toutes les difficultés s'aplanissent. L'atelier retrouve sa tranquillité, et le service sa régularité. Le fileur n'est jamais sans un aide ; il en change au milieu du jour, à l'heure du repas, ce qui n'entraîne aucune perte de temps, aucune complication. L'atelier s'ouvre et se ferme exactement comme s'il n'y avait pas d'enfants, ou que les enfants travaillassent aussi longtemps que les hommes. Les enfants peuvent travailler six heures par jour, et ils sont encore dispos pour l'école. L'école, de son côté, n'est plus troublée au beau milieu de la classe par l'arrivée d'une fournée d'apprentis. Les apprentis qui la fréquentent le matin ne sont pas ceux qui la fréquentent le soir. Il serait assurément fort aisé d'annexer aux écoles, pour les enfants de fabrique, un ouvroir à l'usage des filles, un atelier à l'usage des garçons, et pour les deux sexes un préau, une gymnastique. On soustrairait ainsi les enfants à la solitude, et on augmenterait leur bien-être pendant le quart de jour qu'ils ne doivent ni à la fabrique ni à l'école. Voilà ce qui serait à la fois humain et pratique. Au lieu de cela, nous n'avons qu'une législation insuffisante pour les enfants, gênante pour l'industrie, à la fois illusoire et contradictoire.

La loi sur le travail des enfants ne réglemente que les ateliers où plus de vingt ouvriers sont réunis, et le projet de loi, émané il y a dix-sept ans de l'un des grands corps de l'état, embrasse tous les ateliers composés de dix ouvriers ou employant cinq personnes, femmes, filles ou enfants, soumises à la limitation. La loi fixe le travail des adolescents à soixante-douze heures par semaine, et le projet de loi le réduit à soixante-neuf. La loi permet d'introduire les enfants dans les manufactures dès l'âge de huit ans, et le décret du 3 janvier 1813 défend de laisser descendre ou travailler dans les mines et minières les enfants au-dessous de dix ans. La loi de 1841 permet le travail de nuit dans certains cas et à certaines conditions aux enfants de plus de treize ans, et une autre loi, celle du 22 février 1851, sur les contrats d'apprentissage, l'interdit absolument à tous les enfants âgés de moins de seize ans. La loi de 1841 limite le travail à douze heures par jour pour les enfants de douze à seize ans, et la loi de 1851 le limite à dix heures par jour pour les apprentis au-dessous de quatorze ans. La loi de 1841 limite le travail des adolescents à douze heures par jour, et la loi du 9 septembre 1848 fixe la même limite pour le travail de tous les ouvriers. Enfin nous apprenons à chaque instant que les ouvriers ont demandé une réduction des heures de travail et que les patrons y ont consenti, en sorte que, pour dernière anomalie, tandis qu'un grand nombre d'ateliers ne travaillent plus que onze heures ou même dix heures, nous laissons subsister la loi qui, pour favoriser les adolescents, limite la durée de leur travail à douze heures.

Il faut sortir au plus tôt de toutes ces complications, et de l'état d'infériorité où nous retient la loi de 1841, bonne à sa date, aujourd'hui arriérée, insuffisante. Où est la difficulté d'adopter, au moins pour les enfants de huit à douze ans, la limite de six heures par jour, ou plutôt la limite de demi-journée que nous proposons ? Craint-on de manquer de bras en France, lorsque l'Angleterre n'en manque pas, dans les mêmes conditions de travail, avec moins de population et plus de fabriques ? Aujourd'hui que la plupart des usines sont concentrées dans les villes, cette crainte ne saurait être sérieusement exprimée. Elle ne serait justifiée en aucune circonstance avec notre immense population rurale. Et s'il y a, comme il est impossible d'en douter, assez d'enfants pour fournir deux relais par jour à toutes les fabrications, n'est-il pas évident qu'on aura partout le même nombre de bras pendant le même temps et au même prix ? Le fabricant a-t-il quelque intérêt mystérieux à faire travailler toute la journée le même enfant sur le même métier ? Nous prétendons, hautement que c'est tout le contraire, et que la limitation à six heures est dans l'intérêt du fabricant. Non-seulement les relais de six heures valent mieux pour le fabricant que ceux de huit à cause des mouvements supprimés, de la complication évitée ; mais ils valent mieux pour lui que le travail de douze heures, mieux que l'abrogation pure et simple de la loi. Et quand même il paierait pour six heures le salaire de huit, fardeau bien léger quand on songe au prix de la main-d'œuvre pour, les ouvriers de huit ans, le sacrifice serait amplement compensé par la supériorité du travail. Ce n'est pas la présence de l'ouvrier que paie l'entrepreneur, c'est son travail, et pour que le travail soit bon, il faut qu'il soit mesuré selon les forces du travailleur. Lorsqu'un homme dépasse cette limite, il se fatigue en pure perte ; il compromet sa santé, et l'entrepreneur n'y gagne rien. Cela est encore plus vrai pour l'enfant, dont l'esprit et la force musculaire se relâchent plus vite. Ce mot même de *relais*, employé pour désigner les bandes d'enfants qui travaillent successivement sur le même métier, suggère une comparaison dont l'application est frappante. Un cheval, à la rigueur, peut courir douze lieues ; mais on fait plus vite le même chemin en montant deux chevaux l'un après l'autre.

Jules Simon

La comparaison est peut-être humiliante, mais pour qui ? Ce n'est pas assurément pour l'enfant.

Nous avons, grâce à Dieu, de l'amour-propre national, mais il faudrait avoir aussi un peu de prévoyance. Voilà nos soldats, dont nous sommes fiers ; cependant n'oublions pas que la taille diminue tous les ans, la santé aussi, et que le nombre des exemptions pour faiblesse ou infirmité va en augmentant. Nous avons un moyen assuré de déchoir de notre gloire militaire : c'est d'épuiser et de décimer les jeunes générations. Le recrutement des ateliers n'est pas moins compromis. Il faut 400,000 ouvriers aux fabriques de Paris seulement. Si nous voulons que toutes les fabriques françaises soutiennent vaillamment la concurrence étrangère, souvenons-nous que nous serons toujours battus pour la matière première et le combustible, et que tout notre espoir est dans la main-d'œuvre. Préparons d'avance des ouvriers forts et instruits. Un père de famille qui veut être aidé un jour et remplacé par son fils commence par le bien élever. Si ce n'est par tendresse, c'est par calcul. Huit heures de travail effectif à huit ans, cela ne fait guère moins de neuf heures d'atelier, et encore à la condition que la loi ne soit pas violée, cette loi de 1841 sans contrôle, sans inspection efficace. Quel temps reste-t-il pour l'école au bout de ces neuf heures ? Dans quel état l'enfant y arrive-t-il ? Il y traîne son corps épuisé, mais où est l'esprit ? L'esprit, abattu, alourdi, impuissant, entend sans écouter, et ne retient rien. Consultez les maîtres d'école : ils auront bien vite discerné l'enfant qui a donné six heures à l'atelier et celui qui en a donné huit. Cet écolier, qui ne l'est que de nom, une fois sorti de l'école, saura épeler et ne saura pas lire ; il saura signer ou copier une lettre, et ne saura pas écrire. Le semblant d'éducation qu'il a reçue ne lui servira ni pour s'élever, s'il a de l'ambition et de la capacité naturelle, ni pour s'amuser, s'il ne demande à la lecture qu'un secours contre le cabaret. Vienne un chômage, une grève, une transformation d'industrie, il n'aura pas cette facilité de trouver une nouvelle carrière qu'une bonne éducation peut seule donner. Son ignorance est un malheur pour lui et un danger pour la patrie. Il ne sera pas même un bon ouvrier, il n'aura pas cette compensation : le travail des manufactures ne développe qu'une habileté toute spéciale. Un serrurier se fera forgeron, un menuisier se fera rampiste ; un fileur ne sait que conduire la *mull-jenny*, un tisseur n'a d'autre ressource que sa navette. Il ne lui reste pas même la dernière et la plus humble des ressources, la force corporelle. Le métier qu'il fait dès son bas âge le condamne à être débile toute sa vie. En doutez-vous ? Allez assister au tirage au sort dans une ville industrielle ; ces enfants de vingt ans paraissent en avoir quinze. Interrogez le conseil de révision ; vous apprendrez combien le contingent est difficile à former. Ne prenez pas même cette peine, tenez-vous à la porte des fabriques au moment de la sortie ; vous verrez de vos yeux ce que deviennent en peu d'années les enfants enfermés huit heures par jour dès l'âge de huit ans. Ne vous suffit-il pas de connaître les résultats ? Voulez-vous en pénétrer les causes ? Entrez dans l'atelier, mais n'y entrez pas pour une heure ; passez-y une journée, revenez le lendemain, faites-vous une idée de la durée et de la continuité du travail. Ce n'est pas tout, suivez l'enfant dans sa demeure, assistez à ses repas. Cet ouvrier de huit ans, qui a travaillé huit heures et passé ensuite deux heures et peut-être trois à l'école, est-il bien nourri ? a-t-il au moins, pour parler plus clairement, une nourriture suffisamment réparatrice ? A-t-il un bon lit ? a-t-il même un lit ? Si cette vie si dure ne lui assure pas dès à présent le bien-être, que pensera-t-il plus tard de la société ? Et que deviendra-t-il au bout de dix ans, quand sa famille ne sera plus là pour le soutenir, si ses forces ont été épuisées, paralysées au moment où le corps grandit et se développe ?

Hélas ! que parlons-nous de force ? C'est la vie elle-même qui est en péril. On ose à peine invoquer les tables de mortalité, dont le témoignage est accablant. Quel père de famille, quel patriote, quel homme de cœur pourrait se consoler de ces générations englouties ou atrophiées, de ces enfants condamnés à la fatigue dès le berceau, de l'instruction rendue impossible ou dérisoire, des familles désolées, de la dépravation précoce ? Et cependant, pour guérir tant de, maux, que faut-il ? Il ne faut aucun sacrifice. Il suffit de vouloir.

ISBN : 978-1539627500

Jules Simon

www.ingramcontent.com/pod-product-compliance
Lightning Source LLC
Chambersburg PA
CBHW070341190526
45169CB00005B/1999